D0343057